BEI GRIN MACHT SICH IHR
WISSEN BEZAHLT

- Wir veröffentlichen Ihre Hausarbeit,
  Bachelor- und Masterarbeit

- Ihr eigenes eBook und Buch -
  weltweit in allen wichtigen Shops

- Verdienen Sie an jedem Verkauf

Jetzt bei www.GRIN.com hochladen
und kostenlos publizieren

Bibliografische Information der Deutschen Nationalbibliothek:

Die Deutsche Bibliothek verzeichnet diese Publikation in der Deutschen National-
bibliografie; detaillierte bibliografische Daten sind im Internet über http://dnb.d-
nb.de/ abrufbar.

Dieses Werk sowie alle darin enthaltenen einzelnen Beiträge und Abbildungen
sind urheberrechtlich geschützt. Jede Verwertung, die nicht ausdrücklich vom
Urheberrechtsschutz zugelassen ist, bedarf der vorherigen Zustimmung des Verla-
ges. Das gilt insbesondere für Vervielfältigungen, Bearbeitungen, Übersetzungen,
Mikroverfilmungen, Auswertungen durch Datenbanken und für die Einspeicherung
und Verarbeitung in elektronische Systeme. Alle Rechte, auch die des auszugsweisen
Nachdrucks, der fotomechanischen Wiedergabe (einschließlich Mikrokopie) sowie
der Auswertung durch Datenbanken oder ähnliche Einrichtungen, vorbehalten.

Impressum:

Copyright © 2007 GRIN Verlag
Druck und Bindung: Books on Demand GmbH, Norderstedt Germany
ISBN: 9783668915008

Dieses Buch bei GRIN:

https://www.grin.com/document/460642

Torsten Eßer

Ein Platz an der Sonne: Deutsche in Katalonien

GRIN Verlag

Torsten Eßer

Ein Platz an der Sonne: Deutsche in Katalonien[1]

Klischees und Wahrheiten über Gäste und Gastgeber

Wenn Deutschen etwas nicht geheuer ist, kommt es ihnen „spanisch" vor. In Katalonien würden sie mit dieser Redensart auf sehr viel Sympathie stossen, wäre sie den Katalanen bekannt. Denn deren Verhältnis zur Zentralregierung in Madrid ist oft sehr gespannt und von gegenseitigem Misstrauen geprägt. Dafür allerdings haben die meisten Deutschen wenig Verständnis: sie leben in Spanien und der Streit um „Nation" oder „Nationalität", Finanzausgleich und Hoheitsgewalt über Häfen und Flughäfen etc., interessiert die Mehrheit wenig oder gar nicht. Für Viele stellen der kulturelle und vor allem der sprachliche Unterschied zwischen Katalonien (und anderen Regionen) und Spanien auch heute noch eher ein Ärgernis bzw. eine Belastung dar (s.u.). Trotzdem kommen Deutsche und Katalanen in der Regel gut miteinander aus und respektieren sich gegenseitig. Die Deutschen schätzen einerseits die eher „nordeuropäischen" Eigenschaften der Katalanen, denn in ihrer Mentalität unterscheiden sie sich von den anderen Bevölkerungsgruppen Spaniens. Ob nun mehr der Eigen- oder Fremdwahrnehmung geschuldet, ob Zuschreibung oder Tatsache: Sie gelten als fleißig und geschäftstüchtig, aber auch als ernst und geizig. In Katalonien gibt man häufig dem *negoci* (Handel) den Vorzug vor dem *oci* (Spaß), im Gegensatz zu vielen anderen Gegenden Spaniens, was nicht heißt, das Katalanen nicht kräftig feiern können. Die Spanier halten Katalanen für pünktlich und berechnend und ihre Region für ein Anhängsel Nordeuropas, eine Einschätzung, die sicherlich einige Berechtigung hat, war doch der Einfluss der Franken in diesem Landesteil eine Zeit lang sehr groß. Nicht umsonst betont der Ex-Präsident der *Generalitat* Jordi Pujol, der übrigens Schüler der Deutschen Schule in Barcelona war und fließend Deutsch spricht, bei vielen Gelegenheiten, dass zu jener Zeit auch Aachen für die Katalanen Hauptstadt war: „Aachen bedeutet für uns nicht Ausland, Aachen bedeutet uns Ursprung".[2] Seine Definition, dass jeder, der in Katalonien lebt und arbeitet ein Katalane sei, lehnen die meisten Deutschen eher ab.

---

[1] Dieser Artikel behandelt nur das Gebiet der Autonomen Gemeinschaft Katalonien, nicht die bei deutschen Residenten und Touristen wesentlich beliebtere Inselgruppe der Balearen.
[2] Vgl. Jordi Pujol. *Afirmació catalana d'europeisme*, Barcelona 1985.

Andererseits wirken die Katalanen - wie alle Südländer - auf Deutsche manchmal laut, verantwortungslos und vergnügungssüchtig. In Wirklichkeit versuchen die Katalanen ihr Gleichgewicht zu wahren. Ihren Charakter beschreibt man auch gerne mit dem Begriffspaar *seny i rauxa*, übersetzbar als „Pragmatismus und Überschwang", wobei Letzterer ähnlich selten wie bei den Deutschen zum Ausbruch kommt. Für die Deutschen bietet Katalonien auf jeden Fall noch genug vom klischeehaften, typisch „spanischen" Lebensgefühl, als Land der Lebensfreude und der *fiestas*, in dem deutsche Perfektion weniger Platz hat, um sich hier wohler zu fühlen als in der Heimat.

Die Katalanen wiederum schätzen an den Deutschen ihre Leistungs- und Organisationsfähigkeit, ihre Ausdauer, Ordnung und Zuverlässigkeit[3], halten sie aber auch für trocken, phantasielos und stur: „Vor dem Kamin die graue Eintönigkeit leben, arbeiten. [...] Vielleicht werden wir, Südländer vom äußeren Leben, geschwätzig und theatralisch, stürmisch und gierig, leuchtenden Auges unnütz, nie verstehen, wie viel Langeweile (das heißt Zeit) nötig ist, um irgendein Resultat, in irgendeiner Hinsicht, zu erreichen" schrieb Josep Pla 1924 über die Deutschen und ihren Lebensstil. Und schon 1884 urteilte Jacint Verdaguer während seiner Deutschlandreise: „Zum anderen verlieren sie [die Deutschen] sich nicht in endlosen Debatten, wie es bei manchen Stämmen des Südens der Fall ist, die, wie es scheint, nicht lernen und studieren, um zu handeln, sondern um sich im Geplauder zu ergehen, ohne Ende, ohne Ziel, ohne Gewinn: heiße Luft, die allein der individuellen Eitelkeit dient".[4]

In Katalonien führt die gegenseitige Bewunderung für die jeweilige Lebensart des Anderen, bei gleichzeitiger Fremdheit, schon einmal eher zu einer tatsächlichen Annäherung als in anderen Regionen Spaniens, wo es trotz aller Anerkennung bei einer innerlichen Distanz bleibt.[5]

Im folgenden Beitrag geht es weniger um die offiziellen Beziehungen zwischen Deutschland und Katalonien, wie sie zum Beispiel auf europäischer Ebene in der Partnerschaft Katalonien-Baden-Württemberg in der Initiative der „Vier Motoren" bestehen, sondern um die dauerhaft (Residenten) oder zeitweise (Touristen) sich in Katalonien aufhaltenden Deutschen und ihr Verhältnis zu dieser Region. In diesen Beitrag, der auch eine Anregung zu weiterer Forschung sein soll, sind auch Aussagen aus vielen Gesprächen mit Deutschen vor Ort eingeflossen sowie aus verschiedenen narrativen Interviews, die jedoch von der Quantität und von ihrer Systematik her (kaum

---

[3] Dass diese Klischees in der Realität so nicht (mehr) auf alle Deutschen anwendbar sind, versteht sich von selbst.
[4] Beide zitiert in Sevilla et al., S. 301ff.
[5] Vgl. Collado Seidel 2002, S. 102. Zur Eigen- und Fremdwahrnehmung siehe auch den interessanten Artikel von König 2002 sowie verschiedene Beiträge im Band von Bader/ Olmos 2004.

standardisierte Fragen) nicht den Ansprüchen sozialwissenschaftlich-statistischer Erhebungen genügen, um repräsentativ zu sein.[6]

Von Buchdruckern und Nazis – Ein kurzer historischer Abriss

Erste Berichte aus dem Gebiet des heutigen Katalonien vermitteln Adelige, die in einer Mission unterwegs waren, Santiago-Pilger, die einen Umweg über das Kloster Montserrat machten, oder Ritter auf dem Weg zur ehrenvollen Bewährung im Kampf gegen die Mauren.[7] Die ersten bezeugten Deutschen bzw. Deutschsprachigen, die sich um 1370 für längere Zeit in Barcelona niederließen, waren Kölner Handwerker und Kaufleute. Für 1383 sind dann ein Nürnberger Kaufmann und ein Schwabe verbürgt, um die Jahrhundertwende formierte sich schließlich eine Gruppe deutscher Kaufleute in der katalanischen Hauptstadt, darunter Angehörige der bekannten Ravensburger Handelsgesellschaft. Wichtigster Exportartikel waren Leinwand und Metallwaren, die gegen Korallen, Baumwolle, Südfrüchte und vor allem Safran gehandelt wurden. Hieronymus Münzer, ein aus Nürnberg stammender Arzt, beschrieb bei seiner Spanienrundreise 1494 begeistert das Rechtswesen in Barcelona, und traf in der Stadt auf eine Gruppe dort tätiger Kaufleute aus Augsburg, Mergentheim und Ulm.[8] Das 15. Jahrhundert bildet den Höhepunkt der „deutsch"-katalanischen Wirtschaftsbeziehungen, mit Beginn des Amerikahandels verloren die katalanischen Handelszentren jedoch ihre herausragende Bedeutung.

Neben den Kaufleuten waren deutsche Buchdrucker und Kunsthandwerker sehr gefragt: Der Bildhauer Michael Lochner (Miquel Lluch) fertigte ab 1483 das hölzerne Flachrelief über dem Eingang zum Kreuzgang an der Kathedrale von Barcelona sowie Chor- und Kanzelschnitzereien und schnitzte zwischen 1487-1489 in der Kirche Sant Pere de Premià sowie im Konvent Sant Augustí de Dalt die Retabeln. Sein Kollege Hans Friedrich (Joan Frederic) war ebenfalls ein Meister der Schnitzkunst.[9] Wilhelm (Guillem) Latumgart schuf in der zweiten Hälfte des 14. Jahrhunderts die Fenster des Chorumgangs der Kathedrale von Girona und war auch in Barcelona und Tarragona tätig.[10]

---

[6] Bei direkten Zitaten ist der Gesprächspartner jeweils angegeben, sonst fließen die Aussagen indirekt in den Text mit ein.
[7] Vgl. Jaspert 2004, S. 158-159.
[8] Vgl. Rothmann, S. 617-618; Herbers, S. 6
[9] Vgl. Jardí Anguera. Siehe auch Jaspert 2002 und 2004, S. 48, und zur Person von Lochner: Madurell, S. 49ff.
[10] Vgl. Triadó, S. 162.

Die Deutschen brachten den Buchdruck in die Katalanischen Länder. Barcelona entwickelte sich zu einem der „wichtigsten Einfallstore"[11] für die neue Buchdruckkunst mit beweglichen Lettern auf der iberischen Halbinsel. Jakob Vitzlant in València sowie Johann von Salzburg und Paul Hurus in Barcelona hatten 1475 die ersten katalanischen Bücher mit dem neuen Verfahren gedruckt. 1490 erschien in València der Ritterroman „Tirant lo Blanc", gedruckt von Nikolaus Spindeler, einem aus Zwickau stammenden Deutschen, der schon 1482 die Stundenbücher für den Bischof von Vic gedruckt hatte, und später in Barcelona arbeitete. Seit 1495 in Barcelona tätig war auch Johann (Joan) Luschner aus Lichtenberg, der von 1499 bis 1500 im Kloster Montserrat arbeitete. Auf historischen Schriftstücken ist verbürgt, dass er häufig mit seinen Kollegen Gerhard (Gerard) Preuss, Johann (Joan) Gherlinch und Johann (Joan) Rosenbach aus Heidelberg, zusammen arbeitete. Letzterer druckte 1502 das erste deutsch-katalanische Wörterverzeichnis.[12] Handel und Gewerbe boten wohl den stärksten Anreiz, Katalanisch zu lernen. So druckte Rosenbach 1510 auch noch ein katalanisches Briefmusterbuch für die Handelskorrespondenz.[13]

In den folgenden Jahrhunderten sind es vor allem deutsche Bildungsreisende, die als Vorläufer der heutigen Studiosus-Reisenden während ihrer Spanientouren auch Katalonien besuchten und darüber schrieben:[14] Der Schriftsteller und Übersetzer Johann Jakob Volkmann reist in den 1780er Jahren durch Katalonien und schreibt über den dortigen "Dialekt"[15]; Alexander v. Humboldt, der 1799 Girona, Barcelona, Montserrat und Tarragona besuchte und in einem seiner Briefe über Katalonien schrieb: „In den Thälern der Pyrenäen blühen die Schoten, während dass der Canigou sein schneebedecktes Haupt daneben erhob, in Katalonien und Valencia ist das Land ein ewiger Garten [...]"; sein Bruder Wilhelm v. Humboldt, der im Jahre 1800 u. a. Barcelona und das Kloster Montserrat besuchte[16]; die Historiker Alexander Schmidt, Georg Gottfried Gervinus und Gotthold Heine, die Anfang des 19. Jahrhunderts Katalonien bereisten und dort die Geschichte des Mittelalters erforschten, gefolgt zum Ende des Jahrhunderts von ihrem Kollegen Heinrich Finke[17]; der Politiker und Publizist August Ludwig von Rochau aus Wolfenbüttel, der bei Badalona das Essen der katalanischen Gasthäuser schätzen lernte (~1840er Jahre); Friedrich Wilhelm

---

[11] Rothmann, S. 619.
[12] Für eine detaillierte Auflistung der deutschen Drucker in Barcelona/ Katalonien und ihrer Werke siehe Hernando i Delgado, S. 280ff. Das *Vocabulari Català-Alemany de l'any 1502* (Katalanisch-Deutsches Vokabular aus dem Jahre 1502) wurde von Tilbert Dídac Stegmann im Facsimile neu herausgegeben (Frankfurt a.M. 1991).
[13] Vgl. Briesemeister, S. 13.
[14] Die folgende Aufzählung erhebt keinen Anspruch auf Vollständigkeit.
[15] Vgl. Briesemeister, S. 15.
[16] Vgl. Rebok, S. 3-4 u. 38-39.
[17] Vgl. Jaspert 2004, S. 161-162.

Hackländer, bei Aachen geborener Schriftsteller, der den Montserrat bestieg (~1850er Jahre); der österreichische Pater und Botaniker Gabriel Strobl, der bei seinem Spaziergang durch Barcelona allerlei Sehenswertes, aber auch miserables Bier fand (~1870er Jahre); Julius Meier-Graefe, Kunsthistoriker, der Barcelona für ein „Gemisch von sublimen und grotesk häßlichen Dingen" hielt (1909)[18]; zu Beginn des 20. Jahrhunderts der Philologe Bernhard Schädel, späterer Gründer des Hamburger Iberoamerikanischen Instituts, der maßgeblich zur Normierung der Katalanischen Sprache beitrug, da sich die Romanistik, jene deutsche Erfindung des 19. Jahrhunderts, von Anfang an auch mit der katalanischen Sprache beschäftigte. In den Ländern der kleineren Sprachen stieß das deutsche Romanistikkonzept, das sämtliche romanische Sprachen als gleichwertige Nachfolger des Latein ansah und ihnen daher ernsthafte Aufmerksamkeit schenkte, auf große Sympathie. Schließlich der Botaniker Karl Faust, der 1928 bei Blanes einen noch heute existierenden, bekannten botanischen Garten (*Mar i Murtra*) gründete, und der Kölner Kaufmann Johann Fastenrath, der einige Werke zur katalanischen Literatur veröffentlichte und ab 1898 einen Dichterwettstreit nach Vorbild der katalanischen Blumenspiele (*jocs florals*) in seiner Heimatstadt ausrichtete.[19]

Der *Modernisme*, 1896 inspiriert durch die deutschen Zeitschriften „Die Jugend" und „Simplicissimus", lockte ebenfalls deutsche Besucher an: Im November 1920 besuchten drei Bauhausschüler, die angehenden Architekten Paul Linder und Ernst Neufert sowie der Maler Kurt Löwengard, Antoni Gaudí in Barcelona, den 1907 schon ihr Lehrer, Walter Gropius, besucht hatte.[20] Gaudí sagte zu Linder bei der Begrüßung: "Die meisten Deutschen sind anständige Menschen. [...]. Sie verstehen viel von Technik und Mathematik, aber Kunst ist nicht ihre Stärke. Und Architektur schon gar nicht".[21] Kurze Zeit später kamen auch der Grafiker Willi Faber und der Photograph Wolfgang Weber (1928) für längere Zeit nach Barcelona. Letzterer veröffentlichte einen beeindruckenden Photoband über die Stadt. Auch deutsche Unternehmer siedelten sich in Katalonien an, so zum Beispiel 1932 der Nähseidenhersteller Gütermann in Barcelona.

Mit dem Ausbruch des spanischen Bürgerkrieges 1936 endeten die meisten Aktivitäten von Deutschen in Spanien, über 10.000 von ihnen, die dort lebten und arbeiteten (sog. Spanien-Deutsche), evakuierte man ins Deutsche Reich. Ein wichtiges Motiv dieser Maßnahme war die deutsche Militärintervention zugunsten Francos. Andere Deutsche kamen ins Land, um mit Franco (rund 5.000 Soldaten) oder in den Internationalen Brigaden (ca. 3.000) gegen ihn zu kämpfen, unter letzteren auch Willy Brandt, der sich

---

[18] Vgl. die Auzüge aus ihren Reiseberichten in Pöhlmann, S.69ff, 115ff, 119ff, 188ff.
[19] Siehe dazu Hösle 1991.
[20] Vgl. Medina Warmburg, S 20.
[21] Vgl. Lindner, S. 158.

zeitweilig als Vertreter der linkssozialistischen SAP in Barcelona aufhielt, und Ernst Busch, der mit seinen Liedern die republikanischen Truppen moralisch unterstützte. Die Soldaten Hitlers und fast alle überlebenden Kämpfer der Internationalen Brigaden verließen nach der Niederlage der Republik Spanien, nachdem letztere im Dezember 1938 noch einmal in verlustreichen Kämpfen an der Costa Brava eingesetzt worden waren. Die meisten wurden danach von Frankreich festgesetzt und später an Hitler-Deutschland ausgeliefert, wo sie in KZs starben. Sie teilten das Schicksal mit vielen deutschen Flüchtlingen, die versuchten, über Spanien den Nazis zu entkommen, aber an der Grenze zurückgewiesen wurden. Berühmtestes Opfer dieser spanischen Kollaboration mit Hitler war der Philosoph Walter Benjamin, der seinem Leben im katalanischen Grenzort Portbou am 26. September 1940 ein Ende setzte.

Viele „Spanien-Deutsche" waren wohl inzwischen zurückgekehrt, denn als Heinrich Himmler im Oktober 1940 Barcelona besuchte, sollen nach Angaben des Journalisten Jordi Finestres dort und in der Umgebung 10.-20.000 Deutsche gelebt haben, unter ihnen hunderte Nazi-Spione. Eine Liste mit Namen und Wohnorten findet sich im Artikel von Finestres und Solé.[22]

Nach dem Krieg blieben viele von ihnen in Spanien. Hunderte von Nazis aus Deutschland nutzten diese Kontakte und tauchten nach Kriegsende in Spanien unter, viele reisten weiter nach Lateinamerika, andere blieben. Franco lieferte sie – obwohl die Alliierten ihm mehrmals eine Liste mit Namen und Adressen übermittelten – als ehemalige „Kampfgefährten" nicht aus. Ihre Aktivitäten setzten sie noch lange fort: So beriet der ehemalige SS-Offizier Otto Skorzeny den 1965 von spanischen Faschisten gegründeten „Spanischen Zirkel der Freunde Europas" (CEDADE) in Barcelona. Einer der meistgesuchten Nazi-Mörder, der SS-Arzt Aribert Heim (Spitzname „Doktor Tod"), lebte bis zum Jahr 2005 unbehelligt an der Costa Brava oder der Costa Blanca. Nach seiner Entdeckung konnte er wahrscheinlich über Madrid nach Chile flüchten.[23] Die Nazis „entdeckten" die spanischen Küsten somit schon vor den deutschen Touristen. Aber nicht jeder Nazi, der nach dem Krieg in Spanien lebte, war geflüchtet. Manche wurden auch ganz offiziell geschickt, weil sie es verstanden hatten ihre Rolle in der NS-Zeit zu verschleiern, so wie der ehemalige Generalkonsul in Barcelona, Franz Nüßlein.

---

[22] Vgl. Finestres 2007; Finestres/ Solé 2007. Zum Artikel in der Zeitschrift *Sàpiens* gehört eine Beilage, die Dokumente der US-Geheimdienste über Naziaktivitäten und –spione in Katalonien präsentiert.
[23] Zu diesem Thema siehe Collado Seidel 2005.

"Pack die Badehose ein" - Deutsche Touristen in Katalonien

"Als deutscher Tourist im Ausland steht man vor der Frage, ob man sich anständig benehmen muss oder ob schon deutsche Touristen da gewesen sind". Diese Feststellung von Kurt Tucholsky, die für Spanien, besser gesagt für einige Küstenorte und Inseln, spätestens ab den 1980er Jahren ihre Berechtigung hat, ließ sich auf die ersten deutschen Spanientouristen in den 50er Jahren nicht anwenden. Der wirtschaftliche Aufschwung ab den 50er Jahren führte in Deutschland zu steigendem Wohlstand und zu einer verstärkten Reisetätigkeit. Hinzu kamen die Verkürzung der Arbeitszeit und die Ausdehnung des tariflichen Urlaubsanspruchs sowie das Urlaubsgeld für alle Arbeitnehmer ab 1965 sowie die 1951 zurückgewonnene Passhoheit für Deutschland. Doch musste man noch bis 1954 viele Fragebogen, Stempel und Gebühren wegen des Visums in Kauf nehmen. Danach verzichteten viele europäische Staaten auf die Visumpflicht für deutsche Touristen. Während 1954 nur 24% der Bevölkerung über 14 Jahre verreisten, waren es 1976 schon 55% und nach 1990 immer zwischen 70-78%. Das Phänomen des Pauschal- bzw. Massentourismus erfasste nach Italien auch Spanien.

Der Schlager "Pack die Badehose ein" von Connie Froboess aus dem Jahr 1950 charakterisiert das Urlaubsverhalten der meisten Deutschen sehr zutreffend. Unternehmen wie Neckermann erkannten ihre Chance und brachten sehr günstige Reiseangebote auf den Markt. Das war auch möglich, weil sie ihre Kosten durch billige Hotelbauten im Ausland gering hielten. Somit trugen auch sie zur Verschandelung der Mittelmeerküsten bei (Benidorm, Lloret de Mar etc.). Angeheizt wurde die Reiselust von den Massenmedien, die Reisebeilagen, Reisehefte und große farbige Werbeplakate erstellten, welche die andersartige Urlaubswelt als Kontrast zur grauen deutschen Arbeitswelt präsentierten. So zog es die Reisenden seit der Mitte der 1950er-Jahre auch in steigendem Maß ins Ausland: „Verbrachten 1954 noch 7,9 Mill. (84 v.H.) ihre Ferien in der Bundesrepublik und nur 1,4 Mill. (14 v.H.) jenseits der Grenzen, so hatte sich 1970 die Relation völlig umgekehrt: 10, 5 Mill. (54 v.H.) fuhren ins Ausland, während 8,5 Mill. (46 v.H.) deutsche Erholungsorte bevorzugten".[24] Ab 1996 betrug der Anteil der Auslandsreisen konstant um die 70%. Vor allem ging es um Sonne, Strand und Meer, denn knackige Urlaubsbräune gehörte zum Schönheitsideal der Zeit, und zeigte zu Hause, dass man sich eine Auslandsreise leisten konnte. Hinzu kam, dass immer mehr Menschen sich ein Auto kaufen konnten. Wie der *ADAC* damals feststellte, sind Motorisierungsgrad und Zunahme der Urlaubsreisen tatsächlich lange parallel gelaufen.

---

[24] Teuteberg, S. 131.

Da die Mehrheit sich das Fliegen noch nicht leisten konnte, musste der erste VW-Käfer oder ein Borgward Isabella die Familie in den Urlaub bringen. Die katalanischen Küsten, schon relativ wettersicher, lagen da gerade noch in einer erfahrbaren Entfernung. Besonders beliebt war das Campen, nicht nur für den kleinen Geldbeutel, sondern auch, weil man mit Zelt oder Wohnwagen mobil war. Erst ab 1962 setzte mit dem Übergang zu großen Düsenmaschinen allmählich der massenhaft organisierte Flugtourismus ein.[25] 1965 verbrachten erstmals 1 Million Deutsche ihren Urlaub in Spanien, das in den 70er Jahren dann mit 6 Millionen deutschen Touristen die Beliebtheitsskala der Auslandstouristen anführte. Bald gehörten überfüllte Strände zum Bild des touristischen Alltags.

An Katalonien schätzten und schätzen die deutschen Touristen vor allem eine angenehme Mischung aus Nähe (nicht nur geographisch, sondern auch kulturell und im Lebensstil) und Andersheit (bestimmte Kulturereignisse oder Landschaften).[26] Zu Beginn der 1990er Jahre erreichte der deutsche Tourismus in Katalonien seinen Höhepunkt und nahm seither ab (siehe Tab. 1). Im Jahr 2002 überholten die britischen Touristen, die immer auf Platz 3 gelegen hatten, die Deutschen in der Anzahl. Die meisten Touristen kommen seit jeher aus Frankreich, was durch die gemeinsame Grenze (Tagesreisen) nicht verwunderlich ist.

Tab. 1: Deutsche Touristen in Katalonien und Spanien

Jahr	Deutsche in Katalonien (in tausend)	Deutsche in Spanien (Mill.)	Briten in Katalonien (in tausend)
1990	2.353	--	1.252
1991	2.657	--	990
1992	2.368	--	818
1993	2.117	--	537
1994	2.283	--	701
1995	2.129	--	844
1996	2.065	10,6	873
1997	2.284	9,9	962
1998	1.990	10,7	1.091
1999	2.100	11,5	1.321
2000	1.782	11,1	1.388
2001	1.610	10,7	1.416
2002	1.668	10,2	1.684
2003	1.563	9,3	2.144
2004	1.393	9,5	2.223
2005	1.428	9,9	2.329

Quelle: Direcció General de Turisme 2000 - 2006, ETC 1999 / IET Frontur

---

[25] Vgl. Teuteberg, S. 130-132.
[26] Vgl. Beitrag von González Reverté in diesem Band.

Die beliebtesten Zielorte der deutschen Sonnentouristen in Katalonien sind Lloret de Mar (32,5% aller Besucher, vor allem Jugendliche), Calella (lange bekannt als *Calella dels alemanys*), Salou (eher Familienbadeurlaub), Roses und Empuriabrava, die vornehmlich im Juli und August besucht werden. Die meisten Deutschen kommen mit dem Reisebus (51%, vor allem Jugendliche) und dem Privatwagen (23%). Per Flugzeug reisten Ende der 90er Jahre nur 23% an, obwohl sich durch das Angebot der Billigfluglinien deren Prozentsatz in den letzten Jahren sehr erhöht hat. Rund 50% verbringen ihren Urlaub an der Costa Brava, weitere 33% an den anderen Küstenabschnitten. Der Rest verteilt sich auf Barcelona (12%) und das Hinterland. Bei dieser Erhebung aus dem Jahre 1997 stammte die größte Gruppe der Reisenden aus Nordrhein-Westfalen (23%). Deutsche Touristen sind sehr standorttreu, rund 70% kommen nach dem ersten Mal wieder in die Region.[27] Barcelona mit seinen kulturellen Attraktionen, aber auch als Shopping-Destination ersten Ranges, zieht die deutschen Touristen besonders an. Neben denen, die einen reinen Städteurlaub verbringen, kommen jedes Jahr hunderttausende Tagesausflügler von den Küsten in die Stadt.[28] Allerdings trägt der (Kurzzeit)Tourismus nicht unbedingt dazu bei, das Wissen über eine Region zu erweitern. In der Regel bringen die Touristen stereotypische Vorstellungen mit nach Spanien (und darin kommt Katalonien selten vor) und nehmen diese auch wieder mit nach Hause.[29]

Die Zielgebiete des internationalen Tourismus in Katalonien sind nahezu deckungsgleich mit den bevorzugten Gebieten der Residenten. Das verwundert nicht, denn gefällt einem Touristen ein Ort, so kauft er zunächst dort eine Ferienwohnung oder ein Haus, wo er dann immer längere Zeiträume verbringt, bis er sich schließlich im Rentenalter dazu entschließt, seinen Lebensmittelpunkt ins Gastland zu verlegen.

Ein Platz an der Sonne – Die deutschen Residenten

Nach neuen Schätzungen der Deutschen Botschaft in Madrid leben weit über 500.000 deutsche Staatsangehörige dauerhaft, das heißt länger als drei Monate im Jahr (das macht sie zu Residenten), in Spanien.[30] Im Jahr 2005 waren in Spanien 77.390 deutsche Residenten offiziell registriert und es kamen 7.317 Spanien-Auswanderer hinzu. Spanien liegt auf dem deutschen Ferienimmobiliensektor seit Jahren an 1. Stelle, etwa

---

[27] Vgl. ETC 1999 und Wenge, S.119.
[28] Für ein Profil dieser Urlauber und ihrer Motive siehe Wenge, S. 122ff. und S. 153ff.
[29] Vgl. Dirschel, S. 288.
[30] Vgl. *Deutsch-Spanische Wirtschaft* Nr. 5/ 2006, S. 8.

320.000 Deutsche besitzen ein Haus oder eine Wohnung in Spanien (2001). Dass die Zahlen so stark differieren, liegt daran, dass viele Deutsche aus unterschiedlichen Gründen davon Abstand nehmen, sich bei den spanischen Behörden anzumelden: Bei Rentnern droht der Wegfall von bestimmten staatlichen Leistungen; für alle Residenten bietet das spanische Gesundheitssystem schlechtere Leistungen z.b. keine freie Arztwahl; und manchmal sind es einfach auch nur die Regelungen zum spanischen Führerschein und zur Autoversicherung, die Deutsche vor einem echten Umzug zurückschrecken lassen.[31]

In Katalonien hatten sich Ende 2005 16.461 Deutsche offiziell angemeldet, verteilt auf die Provinzen Barcelona (10.210), Girona (3.570), Tarragona (2.469) und Lleida (212).[32] 1994 waren es nur 6.413 in ganz Katalonien. Obwohl momentan viele ältere Deutsche ihre Immobilien verkaufen und diese verstärkt von anderen Nationalitäten erworben werden, nimmt die Zahl der Deutschen in Katalonien insgesamt zu. Jüngere Generationen versuchen dort im Dienstleistungs- und/oder Tourismussektor ihr Glück, und die neuen, exzellenten Verkehrsverbindungen – Billigfluglinien aus vielen deutschen Städten nach Barcelona, Girona und Reus – sowie die relativ neuen, vereinfachten und günstigen Kommunikationskanäle (Internet und international funktionierende Handys) erleichtern sicher die Entscheidung zum Auswandern. Hinzu kommt eine steigende Zahl von jungen, gut ausgebildeten Selbständigen in Barcelona.

Doch Residenten sind nicht gleich Residenten. Je nach Motivation und Aufenthaltsdauer muss unterschieden werden– wobei es natürlich Überschneidungen geben kann - zwischen

- Rentnern,
- Auswanderern/ Selbständigen,
- Arbeitnehmern auf Zeit (über drei Monate),
- Aussteigern,
- in Katalonien geborenen Deutschen/ Partnern von Katalanen.

Die Residenten legen ein unterschiedliches interkulturelles Verhalten an den Tag:

- Ghettobildung: der Fremde sichert seine eigene Identität und möchte seinen kleinen Kulturraum für sich erhalten. Das ist ein Verhalten der meisten Rentner und vieler Auswanderer.

---

[31] In Castelldefels (~50.000 Ew.) leben offiziell 551 Deutsche, in Roses (~18.000 Ew.) 445 (2006). Beide Zahlen werden von den dort lebenden Deutschen für viel zu niedrig gehalten.
[32] Angaben des *Instituto Nacional de Estadística* 2006.

- Anpassung: der Fremde legt seine Gewohnheiten weitgehend ab und geht in der neuen Kultur auf. So verhalten sich viele Aussteiger und deutsche Partner von Katalanen, aber auch viele Auswanderer.

- Diasporakultur: der Fremde spürt seine eigene Identität in der Fremde stärker und erhält sie teilweise, findet aber gleichzeitig Wege des interkulturellen Dialogs und übernimmt zeitweise Teile der spanischen/ katalanischen Identität bzw. des Kulturraumes. So verhalten sich Auswanderer und viele Arbeitnehmer auf Zeit.[33]

Rentner

Viele Rentner aus Deutschland möchten ihren Lebensabend nicht in der oft kühlen und grauen Heimat verbringen, zumal die Angehörigen – bedingt durch die erzwungene räumliche und zeitliche Flexibilität einer marktwirtschaftlichen Gesellschaft – heutzutage oft nur noch wenig Zeit haben, sich um sie zu kümmern. Wichtigstes Zielland deutscher Rentner ist Spanien.

Katalonien (bzw. Spanien) ist den Pensionären oft schon aus früheren Tagen bekannt, als sie dort Urlaub machten, noch im Hotel oder auf dem Campingplatz oder schon in der eigenen Immobilie. Sie wählen ihren Altersruhesitz meistens in dem für Residenten typischen Siedlungstyp, der *urbanizació*, seltener in Städten, Dörfern oder gar auf dem Land. Ausschlaggebend sind dabei die Verkehrsanbindung und das Entertainment, vor allem aber die sozialen Kontakte zu Landsleuten.[34] Die deutschen Rentner (andere Nationalitäten ebenso) leben in einer Parallelgesellschaft zur Gesellschaft des Gastlandes. Immobilien wurden häufig nur an Landsleute verkauft oder vermietet, so dass sich recht dauerhafte räumliche Konzentrationen von Deutschen ergaben.

Zu einer Katalanisierung/Hispanisierung der Alltagskultur kommt es kaum: z. B. besitzen über 80% der Rentner auf den Kanarischen Inseln eine Satellitenantenne, um deutschsprachige Radio- und TV-Programme empfangen zu können[35], Werte, die auch für Katalonien gelten dürften. Am Kiosk kaufen sie die deutsche Zeitung, gehen bei ALDI und PLUS einkaufen, spielen Skat in deutschen Clubs und trinken Altbier und Kölsch in deutsch geführten Kneipen. All das zeugt von einer „deutlichen Germanisierung der Infrastruktur im materiellen Bereich"[36]. Das geht beim Immobilienkauf los und reicht über die deutschen Handwerker und Rechtsanwälte bis zum deutschen Verwalter. Eine Integration in die Gastgesellschaft wird nur bedingt

---

[33] Für die Unterteilung vgl. Dirschel, S. 290. Die Zuordnung der Residentengruppen beruht auf den Beobachtungen/ Gesprächen des Autors und ist nicht repräsentativ.
[34] Vgl. Breuer, S. 50.
[35] Vgl. Breuer, S. 47.
[36] Dirschel, S. 293.

angestrebt. Dabei bilden unzureichende Sprachkenntnisse die größte Barriere, sowohl Ursache als auch Folge der geringen Integration. Eine sanfte Hispanisierung ergibt sich in der Regel bei den Essgewohnheiten, die teilweise spanischen Produkten und Essenszeiten angepasst werden, obwohl viele Gastwirte sich auch auf die Deutschen einstellen, und schon ab 19.00 Uhr Abendessen servieren. Deutsche, die ein wenig oder sogar gut Spanisch bzw. Katalanisch (kommt selten vor) sprechen, informieren sich auch über mehr- oder spanischsprachige Medien. Fairerweise sei ergänzt, dass für die Katalanen gerade die zuvor charakterisierten "typischen" Deutschen interessant zu sein scheinen, denn in einem zweiteiligen Programm von *TV3* über die Deutschen in Katalonien, ließen die Fernsehleute die porträtierten Deutschen u.a. Kartoffelsalat, Spätzle und Apfelstrudel zubereiten.[37]

Exemplarisch sei hier die Marina Empuriabrava an der Costa Brava beschrieben, die eine lange Tradition als Standort von Ferienhäusern bzw. –wohnungen hat.[38] Etwa 13.000 Häuser und Wohnungen liegen dort an einem mit dem Meer verbundenen Kanal: Villen, Apartment- und Reihenhäuser sowie Einzelhäuser auf Miniparzellen. Die zu Beginn der 70er Jahre gestartete Verkaufskampagne in verschiedenen europäischen Ländern wirkte vor allem bei den Deutschen: Sie machten weit über 70 Prozent der Käufer von Parzellen, Apartments oder schlüsselfertigen Häusern aus: „Die ersten 15 Jahre hatten wir nur deutsche Kunden", erzählt Ingeborg Hoffmann, die seit 1978 das inzwischen älteste Immobilienbüro am Ort führt, „dann allmählich kauften auch viele Franzosen, Niederländer, Briten und heute auch Spanier".[39] Die relativ schnelle Erreichbarkeit – mit dem Auto beträgt die Anreisezeit von Köln oder München aus 12 bis 14 Stunden – dürfte für Deutsche neben dem milden Winterklima ein weiteres Kaufargument gewesen sein. Fährt man durch den Ort, so liest man neben anderen Sprachen viele Reklametafeln auf Deutsch: „Aachener Stuben", „Colonia-Bar", „Wulfener Hof", „Seppel's Schlemmerladen", „Pfeffermühle", aber auch „Meisterbetrieb", „Deutsche Praxis", „Deutscher Malerbetrieb". Am Ortseingang liegen die Deutsche Bank, ALDI und Lidl, die in der Region mit vielen Filialen vertreten sind, PLUS und der vertraute Mediamarkt sind nicht weit.

Mit dem wirtschaftlichen Abschwung in Deutschland verringerte sich die deutsche Gemeinde auf einen Anteil von etwa 50%: „Früher war die deutsche Mittelschicht gut vertreten, ein Haus am Kanal kostete 1984 so 120.000-200.000 DM. Heute kostet es 600.000 Euro. Das können und wollen die meisten Deutschen nicht mehr bezahlen. Die verrückten Preise gelten etwa seit 2004. Trotzdem gibt es immer noch wohlhabende

---

[37] Ausgestrahlt auf TV3 am 27.3. und 3.4.2005.
[38] Vgl. Eßer 2006.
[39] Interview, Februar 2006, Empuriabrava.

Deutsche, wir haben vor kurzem zwei Objekte für 900.000 Euro verkauft", berichtet Immobilienmakler Julián Genovés.[40] Aber das kann den Trend (noch) nicht stoppen. Auch der Generationenwechsel der Immobilienbesitzer trägt zur Reduzierung der deutschen Gemeinde (in ganz Katalonien) bei.[41] Die geriatrisch-pflegerische Versorgung ist außerdem noch nicht so gewährleistet wie in Deutschland, so dass viele Rentner bei ernsthaften Erkrankungen in die Heimat zurückkehren, obwohl der Bürgermeister, Xavier Sanllehí i Brunet, betont, dass sich „in der hiesigen Gesundheitsversorgung in den letzten Jahren viel getan hat. Die Ausländer brauchen keine Bedenken mehr zu haben, was das Niveau betrifft. Sie können ihren Lebensabend beruhigt in unserem guten Klima verbringen".[42] Außerdem haben viele deutsche Ärzte die Chance schon erkannt und ihre Praxen an die Costa Brava bzw. nach Katalonien verlegt[43], und auch die erste altengerechte Residenz wird in Empuriabrava errichtet, mit deutschem Pflegestandard und Personal, ausgebildet beim paritätischen Sozialdienst in Stuttgart.

Von einer reinen Feriensiedlung hat sich Empuriabrava - zumindest teilweise – inzwischen für viele Deutsche zur Wohnsiedlung gewandelt. Darum ziehen vermehrt junge Deutsche, die im Handwerks- oder Dienstleistungssektor arbeiten wollen, in die Siedlung: „Die Motivation ändert sich radikal. Heute wollen mehr als die Hälfte der Käufer hier dauerhaft wohnen", erklärt Julián Genovés. Das führt uns zur nächsten Gruppe der Residenten.

Auswanderer/ Selbständige

Viele der jüngeren deutschen Auswanderer leben anders als die Rentner. Sie wohnen mit ihren Familien oft in eigenen Häusern in der Nähe der Urbanisationen oder Touristenorte und arbeiten als Selbständige im Dienstleistungs- oder Tourismusbereich, so wie das Ehepaar Liebscher, Herausgeber der Zeitschrift *Costa:Live* (s.u.): „Wir wollten auf dem Dorf leben und haben auch katalanische Freunde hier. Allerdings sprechen wir nur Spanisch und dann ist es hier schon schwieriger sich zu integrieren. Mit uns sprechen sie zwar Spanisch, aber untereinander natürlich nur Katalanisch und dann bekommt man nicht soviel mit. Und Behördenschreiben oder Pressemeldungen, alles kommt auf Katalanisch."[44]

---

[40] Interview, Februar 2006, Empuriabrava.
[41] Viele Rückkehrer erleben Deutschland nach vielen Jahren in Spanien allerdings als sehr negativ. Vgl. den kurzen Bericht einer Rückkehrerin im *amigos-Magazin* 1/ 2007, S. 35, in dem es heißt: „Das freie Leben getauscht gegen Zwänge, [...] Ach könnten wir doch in Spanien sein!".
[42] Interview, Februar 2006, Empuriabrava.
[43] Eine Liste des deutschen Konsulats zählt 25 deutsche Ärzte in Barcelona und Umgebung auf. Und das sind nur diejenigen, die sich angemeldet haben.
[44] Interview, August 2005, Torroella de Fluviá.

Handwerker, Ärzte, Gastwirte, Physiotherapeuten, Bauunternehmer oder Händler versorgen häufig bevorzugt ihre Landsleute. Sie hatten Deutschland satt, wegen des Wetters, des Lebensstils oder der Arbeitslosigkeit und versuchen in Katalonien ihr Glück. Viele kommen gut vorbereitet und ausgebildet ins Ausland, wie die Physiotherapeutin Agnes Händel, die ihre Praxis in Empuriabrava betreibt: „Die Administration ist hier im Wesentlichen so wie in Deutschland, viel Papierkram, allerdings in anderen Bereichen. Aber sehr positiv überrascht hat mich, dass ich hier viel einfacher einen Kredit bekommen habe, als in Deutschland, das Vertrauen ist wesentlich größer."[45]

Andere stürzen sich mit nur geringen Sprach- und Landeskenntnissen ins Abenteuer, wie die Familie Ziegler, die bei ihrer Auswanderung von einem Kamerateam des deutschen Senders *Kabel 1* begleitet wurde.[46] Die Auswanderungsbewegung setzte verstärkt ab Mitte der 80er Jahre ein.[47] So besteht der Friseursalon „Rietz" in Empuriabrava seit 1986, die deutsche Zeitschrift *amigos* seit 1985. Wenn sie im Bereich der Arbeit mit Katalanen zu tun haben, übernehmen sie dort spanische bzw. katalanische Kategorien und Werte, während sie in der Alltagskultur, wie die Rentner, häufig ihre deutsche Identität sichern und selten katalanische bzw. spanische Freunde haben. Hier muss man allerdings unterscheiden zwischen den Arbeitsmigranten in (kleinen) Touristenorten und in Barcelona, wo die Deutschen sich eher in die Gastgesellschaft integrieren, die ohnehin internationaler strukturiert ist: „Aufgenommen, wenn man so will, wurde ich an meinem zweiten Abend in Barcelona auf einer Dachterrassenparty von Argentiniern, Kolumbianern und Japanern. Da waren, glaube ich, keine Katalanen. Inzwischen habe ich auch katalanische Freunde, aber auch Deutsche und andere. Die Frage einheimisch oder von woanders ist für mich nicht so wichtig. Natürlich habe ich mir irgendwann die Frage gestellt, wie viel Freunde sind Katalanen und festgestellt, dass es wenige sind. Aber was sind überhaupt typische Katalanen?", so der dort lebende Journalist Merten Worthmann.[48]

Arbeitnehmer auf Zeit

Diese Gruppe der Residenten konzentriert sich vor allem auf Barcelona und einige andere große Städte. Sie arbeiten auf Zeit in deutschen oder anderen Unternehmen und passen sich an die dortigen Bedingungen an. Wenn ihr Aufenthalt länger dauert, suchen sie eher schon mal den Kontakt zu Deutschen, zum Beispiel bei den

---

[45] Interview, Februar 2007, Empuriabrava.
[46] Siehe *amigos-Magazin* 13/ 2006, S. 22-23.
[47] Vgl. Lardiés/ Castro. 50% der von ihnen befragten Ausländer gaben als Grund für die Umsiedlung nach Katalonien das Wetter an, 25% den spanischen Lebensstil.
[48] Interview, April 2006, Barcelona.

„Wirtschaftsjunioren Barcelona" oder im „Kreis Deutschsprachiger Führungskräfte". Sie sind aber, wie die Auswanderer in Barcelona, eher bereit, sich auf das Gastland einzulassen und viele neue Erfahrung mit zurück zu nehmen.

Aussteiger

Der klassische Aussteiger oder Hippie der 60er/70er Jahre, der in einer Höhle oder in einem halbverfallenen Gehöft hauste, eine alternative Lebensweise pflegte, und vom Verkauf selbstgebastelten Kunsthandwerks lebte, ist ein nur noch selten anzutreffendes Relikt. Ein Marktverkäufer aus Marburg, den ich in Castelló d'Empúries auf dem zweitgrößten Flohmarkt Kataloniens traf, erzählte, dass viele Tausend Deutsche in Spanien noch so lebten wie er, im Wohnmobil, und sich das Geld für ihre geringen Ansprüche mit Gelegenheitsarbeiten verdienten. Einen Nachweis dafür habe ich nicht. In seltenen Fällen verwandeln sich Aussteiger in angesehene Auswanderer, wie im Fall des Gitarristen und Dirigenten Horst Sohm, der 1975 mit einer Hippiewelle nach Cadaqués kam, in Dalís Haus auftrat und sich dabei so in die Gegend verliebte, dass er beschloss, im Empordà leben zu wollen.[49]

Heute sind „Aussteiger" normalerweise finanziell - zumindest eine Zeit lang - abgesichert und suchen im Gastland Modelle, besser zu leben als in der Heimat. Wenn sie nicht so reich sind, dass sie nicht arbeiten müssen, dann machen sie sich nach einer Zeit entweder selbständig oder sie gehören zur Klasse der modernen Internauten, die unabhängig von Zeit und Raum von jedem Ort auf der Welt Aufträge erledigen kann, Elektrizität und einen Zugang zum Internet vorausgesetzt.

In Katalonien geborene Deutsche/ Partner von Katalanen

In dieser Gruppe existiert (natürlich) der höchste Integrationsgrad in die katalanische Gesellschaft. Die hier geborenen und/oder aufgewachsenen Deutschen sind durch Schul- und/oder Universitätsbesuch, katalanische Freunde und Kollegen meistens voll integriert, auch wenn sie sich bestimmte nationale Eigenheiten bewahren: „Ich liebe natürlich die deutsche Sprache und Kultur.[...] Auch die deutsche Ausbildung und Art der Berufsausübung, das "Berufsethos", die Systematik und Organisationsfähigkeit, die Zuverlässigkeit, die ich in Deutschland kennen lernte, sind Werte, die ich sehr schätze und erstrebenswert finde. [...] Aber was die emotionale Seite des Lebens betrifft, die Gefühlswelt, den rein menschlichen Umgang und die persönliche Kommunikation, identifiziere ich mich stärker mit Spanien. Der leichtere und wärmere zwischenmenschliche Kontakt, die spontane Großzügigkeit meines Geburtslandes

---

[49] Interview in *Empordà Guia* Nr. 8/ 2005.

geben mir eher ein Heimatgefühl", so der Verleger Hans Meinke.[50] Diese Deutschen sprechen neben Spanisch meistens auch Katalanisch, wie Hiltrud Amuser, die im Alter von neun Jahren mit ihrer Familie aus Deutschland nach Barcelona kam und dort dreisprachig aufwuchs.[51] Auch Thomas Spieker, der mit 14 nach Roses übersiedelte, lernte zwar nicht sofort, dann aber umso schneller Katalanisch, und hält das auch für wichtig, zeigt aber Verständnis für die ältere Generation von Einwanderern, die keine Lust hatte, nach Spanisch eine weitere Sprache zu lernen (siehe Interview in diesem Band). Die Besitzerin der ersten Sprachschule in Castelldefels (1976), Margot Bosch, gehört wohl zu dieser Generation: „Ich spreche kein Katalanisch, aber ich verstehe es sehr gut und lese es. Ich denke, man würde hier besser fahren, wenn es zweisprachig zuginge. Es gibt so viele Nationalitäten und Touristen hier, die Verständigung und Integration wäre besser, wenn die Stadtverwaltung ihnen zweisprachige Informationen anbieten würde. Ich fühle mich aber trotzdem voll integriert."[52]

Die Partner katalanischer Ehefrauen und –männer finden in der Regel ebenfalls schnell Anschluss: „Hier lernte ich meinen Mann, einen Katalanen, kennen und änderte meine Pläne. Durch die Familie meines Mannes ging die Integration sehr schnell. Wegen meiner Fremdsprachenkenntnisse lernte ich schnell Spanisch und Katalanisch, indem ich Bücher las", erzählt Margaret Rheinfelder, die seit 1951 in Katalonien lebt.[53]

Deutsche Medien in Katalonien

In jeder größeren Stadt findet man heute deutsche Zeitungen und Zeitschriften am Kiosk, aber es existieren auch deutsche Printmedien, die vor Ort hergestellt werden. Das *amigos-Magazin*, ansässig in Castelló d'Empúries, ist die älteste deutschsprachige Zeitschrift in Katalonien.[54] Seit 1985 berichtet sie vor allem über lokale und regionale Ereignisse und Ausflugsziele, gepaart mit Service- und Ratgebertexten, lokalem und internationalem Promiklatsch und Humor. Wie fast alle Printmedien für Residenten und Touristen wird *amigos* gratis verteilt und lebt vom Anzeigenverkauf. In der Regel berichtet *amigos* auf dem Niveau der *yellow-press* relativ neutral über sein Gastland, mit den üblichen kleinen klischeehaften Ausfällen, die man humorvoll

---

[50] Interview in *La Bruja*, Mai-Juni 2004.
[51] Interview in *La Bruja*, Nov.-Dez. 2004.
[52] Interview in *La Bruja*, Juli-Aug. 2003.
[53] Interview in *La Bruja*, März-April 2003.
[54] Seit der Nr. 1/ 2007 erscheint sie allerdings zumindest teilweise dreisprachig (D/E/GB). *amigos* hat eine Auflage von 15.000-20.000 (Sommer) und wird verteilt an der Küste zwischen Port de la Selva und L'Estartit (2006).

zusammengefasst auch bei Drew Launay[55] nachlesen kann. Mit Gastland ist in diesem Fall Spanien gemeint, politisch korrekt, aber die Realität verdrängend, dass Katalonien eine Region mit eigener Sprache und Kultur ist. Im Jahr 2006 ging es sogar soweit, dass die leitende Redakteurin in einem Artikel schrieb, dass „die Menschen [...] diese Mundart [Katalanisch] als das empfanden, was sie immer war: ein kodifizierter Regionaldialekt", bevor Jordi Pujol dessen „Zwangseinführung" veranlasst hätte.[56] Daraus entwickelte sich in deutschen und katalanischen Medien ein Streit über das Verhältnis der Deutschen zu Katalonien in deren Verlauf sich auch zeigte, dass andere Deutsche die falsche Meinung der Redakteurin teilten und damit zeigten, dass sie sich für ihre neue Heimat und deren Kultur nur wenig interessieren. Ein weiterer Beleg für die Bildung einer Parallelgesellschaft.

Die zweite deutsche Zeitschrift, *Costa:Live* aus Torroella de Fluvià, ist seit dem Jahre 2004 auf dem Markt. Seit Anfang 2006 erscheint sie in vier Sprachen (D/E/GB/F) und passt sich so der zahlenmäßigen Verschiebung der Nationalitäten - sowohl bei Touristen als auch bei Residenten - an.[57] Sie berichtet vor allem über kulturelle Ereignisse und Ausflugsziele im Norden Kataloniens und will auch „das Hinterland vorstellen".[58] Sie verzichtet weitgehend auf aktuelle Nachrichten und auf Promiklatsch (Berichte über Ereignisse aus der deutschen Gemeinde kommen jedoch vor). Viele der Artikel sind jedoch so genannte *publi-reportajes*, d.h. von Anzeigenkunden bezahlte bzw. erbetene Berichte, die somit keine journalistische Objektivität besitzen.

Der Vollständigkeit halber muss noch die vom journalistischen Standpunkt her zu vernachlässigende „Tageszeitung" *Arena* erwähnt werden, deren Verteilungsgebiet sich auf Roses und Empuriabrava beschränkt, ein aus durchschnittlich 12 kopierten, gefalteten und zusammengehefteten DIN-A-4-Seiten bestehendes Blatt, das seit 1991 besteht.[59]

In Castelldefels gibt seit 1997 eine Gruppe Frauen zweimonatlich *La Bruja* heraus, ein deutschsprachiges Informationsblatt auf kopiertem DIN-A-4-Papier mit einer Auflage von 400 Exemplaren. Es widmet sich vor allem Themen der deutschen Gemeinde vor Ort und in Barcelona und ist auch online verfügbar. Andere Online Medien – *Hola,*

[55] Drew Launay. *Die Spanier pauschal*, Frankfurt a.M. 1997.
[56] Vgl. *amigos-Magazin* Nr. 9/ 2006, S. 34. In Nummer 11/ 2006 erfolgte dann die Entschuldigung der Herausgeber für den schlecht recherchierten und falschen Bericht.
[57] *Costa:Live* erscheint in einer Auflage von 9.000 und wird verteilt an der Küste zwischen Llança und St. Feliu de Guixols (2006).
[58] Interview, August 2005, Torroella de Fluvià.
[59] Gegründet zunächst als Magazin (*Deutsch-Katalanische Zeitung*), das in seinen rund 400 Ausgaben zumindest einige Texte in Katalanisch abdruckte, ist *Arena* heute eine Publikation mit einer thematischen Bandbreite von lokalen, regionalen und nationalen Themen: z.B. „Trickdiebe unterwegs" (Nr. 436, 28.7.2006); „Drogenkonsum per Gesetz in Katalonien erlaubt?" (Nr. 564, 9.2.2007); „Spanische Piloten streiken" (Nr. 410, 22.6.2006).

Catalunya Magazin – wenden sich ebenfalls vornehmlich an die deutschsprachige Gemeinde in Katalonien. Ein relativ junges Projekt stellen die deutschen Kulturnachrichten auf *BarcelonaTV* dar. Das Rathaus von Barcelona gibt den verschiedenen sprachlichen und kulturellen Gruppen der Stadt in seinem Sender die Gelegenheit, über sich in der eigenen Sprache zu informieren: „Wir berichten über Kultur aus Deutschland in Barcelona. Und wir haben von der UNESCO Mittel bekommen, um die Sendung katalanisch zu untertiteln. Wir liefern *BTV* die Inhalte auf einer DVD und stellen sie danach auch ins Internet, um losgelöst zu sein von der recht kurzen Sendezeit von etwa elf Minuten alle zwei Wochen", erklärt Ulrich Braeß, Leiter des Goethe-Instituts in Barcelona.[60]

Deutsche Institutionen

1894 wurde in Barcelona die erste deutsche Schule Spaniens – eine zweiklassige Volksschule – gegründet. Bis heute hat sie sich zu einer der größten integrierten Begegnungsschulen - also offen für Deutsche und andere Nationalitäten - Europas entwickelt, die in Form einer Privatschule nach spanischem Recht geführt wird. Sie hat für die Beziehungen zwischen Deutschland und Katalonien eine wichtige Rolle gespielt, u.a. weil bekannte katalanische Persönlichkeiten dort gelernt haben, wie der Ex-Präsident Jordi Pujol, der Ex-Präsident des Internationalen Olympischen Komitees Juan Antonio Samaranch, der Künstler Antoni Tàpies oder der Ex-Kulturminister Max Cahner.[61] Zu dieser Zeit war Eckhard Stegmann, Vater von Tilbert D. Stegmann, Direktor der Deutschen Schule.

Bedeutend ist, dass ab der ersten Grundschulklasse neben der deutschen Sprache Spanisch und Katalanisch gleichberechtigt unterrichtet werden. Im Jahr 2007 betrug das Schulgeld für die 1.416 Schüler je nach Stufe zwischen 320 und 335 Euro monatlich. Seit 1980 existiert in Barcelona auch eine „Berufsschule" für Kaufleute. Die ASET (*Asociación Hispano-Alemana de Enseñazas Técnicas*) wurde auf Initiative von Tochterfirmen deutscher Unternehmen gegründet und bildet Industrie- und Speditionskaufleute sowie Informatik- und IT-System-Kaufleute aus.

Das Goethe-Institut Barcelona ist das älteste Spaniens, zurückgehend auf die Initiative von Rosemarie Hess, die 1955 die Idee hatte, eine deutsche Bibliothek zu gründen. Nach dem Ablauf eines Stipendiums in Madrid während der Kriegsjahre war sie nicht

---

[60] Interview, Februar 2007, Barcelona. Auf der Website des Instituts findet sich auch ein interessanter Beitrag („Schitzeljagd") über Deutsche in Barcelona. http://www.goethe.de/ins/es/bar/deindex.htm
[61] Vgl. Düver, S. 46.

mehr nach Deutschland zurückgekehrt und lebte seitdem in Barcelona. Wie in anderen Ländern auch, war das Institut zu Zeiten der Diktatur ein Zufluchtsort für oppositionelle Künstler und Intellektuelle: „In der Franco-Zeit machten wir zuerst ganz unkritisch unsere Veranstaltungen. Dann in den letzten Jahren vor seinem Tod haben wir sehr Vieles gemacht, wofür wir hätten im Gefängnis landen können. Wir haben allen Intellektuellen, die nirgendwo anders zusammen kommen konnten, erlaubt, sich bei uns zu treffen", so Frau Hess.[62] Nach Aussage von Ulrich Braeß beschert das dem Institut in der Stadt noch heute einen „positiven Widerhall".

Des weiteren existieren noch der Deutsche Hilfsverein, der sich um in Not geratene Deutsche kümmert, und *Hispalem*, eine Vereinigung zur Förderung der kulturellen und wirtschaftlichen Zusammenarbeit von Deutschen und Spaniern, in Barcelona, nicht zu vergessen die beiden Kirchengemeinden.

Deutsche Unternehmen

Zwischen der wirtschaftlich sehr bedeutenden Region Katalonien (25% der spanischen Industriestruktur, etwa 18% des spanischen BIP) und Deutschland bestehen intensive wirtschaftliche Verbindungen. Deutsche Unternehmen sind schon über hundert Jahre in Katalonien tätig: So errichteten Deutsche (gemeinsam mit Schweizern und Spaniern) ab 1897 im Städtchen Flix eine Chemie-Fabrik (*Sociedad Electroquímica de Flix*). Deren erster Direktor, Carl Pistor Faber (1900-1904), spielte gemeinsam mit anderen deutschen Angestellten und Arbeitern, eine wichtige Rolle im gesellschaftlichen Leben des Ortes.[63] Weitere Unternehmen siedelten sich vor dem II. Weltkrieg und dann wieder seit den 1960er Jahren vor allem um Barcelona an, wo heute rund 94% der in Katalonien ansässigen deutschen Unternehmen sich befinden. U.a. VW (SEAT), BASF, Bayer, Siemens besitzen dort Werke, aber auch viele mittelständische Unternehmen, die sich dort gut aufgehoben fühlen, da auch die katalanische Volkswirtschaft einen starken Mittelstand besitzt, der als Motor des Wirtschaftswachstums fungiert (z.B. der Textilbetrieb Gütermann, der seit 1932 in Barcelona ansässig ist). Die rund 460 deutschen Unternehmen in Katalonien repräsentieren etwa 50% aller deutschen Firmen in Spanien (2003). Die Investitionen der deutschen Unternehmen sind in den vergangenen Jahren kontinuierlich gestiegen, analog zum Waren- und Güteraustausch. 2003 betrugen die deutschen Direktinvestitionen in Katalonien 157,37 Mio. Euro, was etwa 11% der gesamten ausländischen Direktinvestitionen entspricht. Ein Beispiel ist

---

[62] Vgl. Goethe-Institut, S. 22.
[63] Vgl. Muñoz Hernández 1994.

der deutsche Lebensmittelkonzern Lidl, der im Jahr 2004 ein neues Hauptquartier mit einer Investition von 17 Mio. Euro in Montcada i Reixac (Vallès Occidental) eröffnet hat.[64] Die anfangs geschilderten Mentalitätsunterschiede zwischen Deutschen und Katalanen führen natürlich auch in der Zusammenarbeit manchmal zu Problemen, insgesamt jedoch sind deutsche Unternehmer sehr zufrieden in Katalonien.[65]

Ausblick

„Wo liegt Katalonien?" Diese Frage schaltete die katalanische Regierung 1992 als Anzeige in der internationalen Presse, um für die Olympischen Spiele in Barcelona zu werben. Damals war vielen deutschen Touristen nicht bewusst, dass sie sich in einer Region befanden, die sich kulturell vom übrigen Spanien unterschied. Das hat sich geändert: Heute wissen viele – längst noch nicht alle – Touristen, z. B. an der Costa Brava, dass ihre Reiseziele in Spanien *und* in Katalonien liegen. Katalanische Kultur und Sprache dringen immer stärker als eigenständige nationale Merkmale in die Wahrnehmung der Reisenden, da seit der Rückkehr zur Demokratie nicht nur „neue" Orts- und Straßennamen eingeführt wurden, sondern das Katalanische im Alltag wieder benutzt wird und die Traditionen auf Dorf- und Stadtfesten mit Stolz präsentiert werden. Trotzdem ist es noch ein langer Weg, bis alle - oder zumindest die meisten - Deutschen Salvador Dalí, Joan Miró, Antoni Gaudí u.a. berühmte Katalanen nicht mehr nur als Spanier wahrnehmen, sondern vor allem als Katalanen (und sie auch so schreiben, anstatt z.B. Juan und Antonio zu verwenden).[66] Und bis sie einsehen, dass die erste Sprache Kataloniens Katalanisch ist. Meines Erachtens und obwohl ich ein Gegner von erneuter europäischer Kleinstaaterei bin, kann dies nur vollständig gelingen, wenn sich Katalonien politisch von Spanien trennt.

---

[64] Vgl. Generalkonsulat 2004.
[65] Vgl. hierzu die Beiträge in Marek/ Müller et.al. 2004.
[66] Vgl. Stegmann, S. 51f.

Bibliographie

Bader, Wolfgang/ Ignacio Olmos (Hg.). *Die deutsch-spanischen Kulturbeziehungen im europäischen Kontext*, Frankfurt am Main 2004.

Breuer, Toni. „Deutsche Rentnerresidenten auf den Kanarischen Inseln", in: *Geographische Rundschau* Nr. 5/ 2003, S. 44-51.

Briesemeister, Dietrich. „Katalonien und Deutschland: ein Überblick über die kulturgeschichtlichen Wechselbeziehungen", in: *Zeitschrift für Katalanistik* Nr. 1/ 1988, S. 11-35.

Collado Seidel, Carlos. *España, refugio nazi*, Madrid 2005.

Collado Seidel, Carlos. „Überlegungen zu Nation und Nationalbewußtsein in Spanien", in: Carlos Collado Seidel/ Andreas König (Hg.). *Spanien: Mitten in Europa*, Frankfurt a.M. 2002, S. 37-108.

Direcció General de Turisme. *Mercats emissors. El turisme estranger a Catalunya*, Nr. 1/ 2000, Nr. 1/ 2001, Nr. 1/ 2002, Nr. 1/ 2003, Nr. 1/ 2004, Nr. 1/ 2005, Nr. 1/ 2006.

Dirschl, Klaus. „Auf der Suche nach Alterität? Residenztouristen in Spanien und Arbeitsmigranten in Deutschland", in: Wolfgang Bader/ Ignacio Olmos (Hg.). *Die deutsch-spanischen Kulturbeziehungen im europäischen Kontext*, Frankfurt am Main 2004, S. 285-305.

Düver, Lothar. „Die Deutsche Schule Barcelona", in: *Catalònia* Nr. 4/ 1994, S. 46-47.

Eßer, Torsten. „Empuriabrava: Venedig in Katalonien", in: *Bellevue* Nr. 6/ 2006, S. 88-90.

Finestres, Jordi. „Telaraña nazi en Catalunya", in: *La Vanguardia Domingo* (11.02.2007).

Finestres, Jordi/ Josep Maria Solé i Sabaté. „Agents nazis a Catalunya", in: *Sàpiens* Nr. 53/ 2007, S. 18-27.

Generalkonsulat der Bundesrepublik Deutschland Barcelona. *Die deutsch-katalanischen Wirtschaftsbeziehungen*, Barcelona 2004.

Goethe-Institut Barcelona (Hg.). *50 Jahre Dialog (1955-2005)*, Barcelona 2005.

Herbers, Klaus. „Das kommt mir spanisch vor". Zum Spanienbild von Reisenden aus Nürnberg und dem Reich an der Schwelle zur Neuzeit", in: Klaus Herbers/ Nikolas Jaspert (Hg.). *„Das kommt mir spanisch vor". Eigenes und Fremdes in den deutsch-spanischen Beziehungen des späten Mittelalters*, Münster 2004, S. 1-30.

Hernando i Delgado, Josep. „Del llibre manuscrit al llibre imprès. La confecció del llibre a Barcelona durant el segle XV. Documentació notarial", in: *Arxiu de textos catalans antics* Nr. 21, 2002, S. 257-603.

Hösle, Johannes. „Katalanistik in der Belle époque: Johann Fastenrath", in: Brigitte Schlieben-Lange/ Axel Schönberger (Hg.). *Beiträge zur Sprache, Literatur und Kultur Kataloniens sowie zur Geschichte der deutschsprachigen Katalanistik*, Frankfurt 1991, S. 25-37.

Jardí Anguera, Montserrat. *Mestres entalladors a Barcelona durant la segona meitat del segle XV i primer quart del segle XVI: de la tradició germànica a la producció local*, Tesi, Barcelona 2006.

Jaspert, Nikolas. „Die deutschsprachige Mittelalterforschung und Katalonien: Geschichte, Schwerpunkte, Erträge", in: *Zeitschrift für Katalanistik* Nr. 17/ 2004, S. 155-226.

Jaspert, Nikolas. „Fremdheit und Fremderfahrung: Die deutsch-spanische Perspektive", in: Klaus Herbers/ Nikolas Jaspert (Hg.). *„Das kommt mir spanisch vor"*. *Eigenes und Fremdes in den deutsch-spanischen Beziehungen des späten Mittelalters*, Münster 2004, S. 31-62.

Jaspert, Nikolas. „Ein Leben in der Fremde: Deutsche Handwerker und Kaufleute im Barcelona des 15. Jahrhunderts", in: Franz J. Felten/ Stephanie Irrgang/ Kurt Wesoly (Hg.). *Ein gefüllter Willkomm. Festschrift für Knut Schulz zum 65. Geburtstag*, Aachen 2002, S. 435-462.

König, Andreas."Spanienbilder: Auto- und Heterostereotype", in: Carlos Collado Seidel/ Andreas König (Hg.). *Spanien: Mitten in Europa*, Frankfurt a.M. 2002, S. 21-36.

Lardiés, R./ Castro, M. „Inmigración extranjera en Cataluña: las nuevas motivaciones de los ciudadanos europeos para el desplazamiento y la atracción del turismo", in: *Scripta Nova, Revista Electrónica de Geografía y Ciencias Sociales*, Vol. VI, No. 119, 2002 (http://www.ub.es/geocrit/sn/sn119127.htm).

Linder, Paul. „Begegnungen mit Antoni Gaudí (1949)", in: Rainer Stamm/ Daniel Schreiber (Hg.): *Gaudí in Deutschland. Lyrik des Raums*, Köln 2004, S. 148-159.

Madurell i Marimon, Josep Maria. „Miguel Lluch, un escultor cuatrocentista alemán en Barcelona", in: *Spanische Forschungen der Görresgesellschaft – Gesammelte Aufsätze zur Kulturgeschichte Spaniens* Nr. 9/ 1954, S. 164-197.

Marek, Andreas/ Susanne Müller et. al. *Unternehmenskultur in Spanien*, Frankfurt a.M. 2004.

Medina Warmburg, Joaquín. „Gaudí am Bauhaus - Gropius, Neufert, Linder und das gotische Ideal" in: Rainer Stamm/ Daniel Schreiber (Hg.): *Gaudí in Deutschland. Lyrik des Raums*, Köln 2004, S. 30-43.

„Mercats emissors i sector turístic. El mercat alemany", in: *Estudis de Turisme de Catalunya (ETC)* Nr. 4/ 1999, S. 4-10.

Muñoz Hernández, Pere. *Alemanys a l'Ebre. La Colònia Química alemanya de Flix (1897-1994)*, Tarragona 1994.

Pöhlmann, Isabel (Hg.). *Spanien. Reise-Lesebuch*, München 2004.

Rebok, Sandra. *Alexander von Humboldt und Spanien im 19. Jahrhundert. Analyse eines reziproken Wahrnehmungsprozesses*, Diss., Ruprecht-Karls-Universität Heidelberg, 2004.

Rothmann, Michael. „Wirtschaftszentren und Kulturkontakte zwischen Reich und Iberischer Halbinsel an der Schwelle zur Neuzeit", in: Klaus Herbers/ Nikolas Jaspert (Hg.). *„Das kommt mir spanisch vor". Eigenes und Fremdes in den deutsch-spanischen Beziehungen des späten Mittelalters*, Münster 2004, S. 607-630.

Sevilla, Rafael/ Marc Domingo Gygax/ Jordi Jané Lligé (Hg.): *Katalonien. Tradition und Moderne*, Bad Honnef 2004.

Stegmann, Til. *Catalunya vista per un alemany*, Barcelona 1986.

Teuteberg, Hans Jürgen. „Vom ‚Fernweh' der Deutschen", in: Landeszentrale für politische Bildung Baden-Württemberg (Hg.). *Der Bürger im Staat* Nr. 3/ 2002 (Mobilität), S. 127-132.

Triadó, Joan-Ramon. *Arte en Cataluña*, Madrid 1994.

Wenge, Christian Oliver. *Städtetourismus in Barcelona und Madrid unter besonderer Berücksichtigung der deutschen Reisenden*, Diss., Universität Köln 2004.

BEI GRIN MACHT SICH IHR WISSEN BEZAHLT

- Wir veröffentlichen Ihre Hausarbeit, Bachelor- und Masterarbeit

- Ihr eigenes eBook und Buch - weltweit in allen wichtigen Shops

- Verdienen Sie an jedem Verkauf

Jetzt bei www.GRIN.com hochladen und kostenlos publizieren